Für dieses Heft brauchst du das

LÜK-Kontrollgerät

So wird es gemacht:

Öffne das LÜK®-Kontrollgerät und lege die Plättchen in den unbedruckten Deckel. Jetzt kannst du auf den Plättchen und auf dem Geräteboden die Zahlen 1. bis 24 sehen.

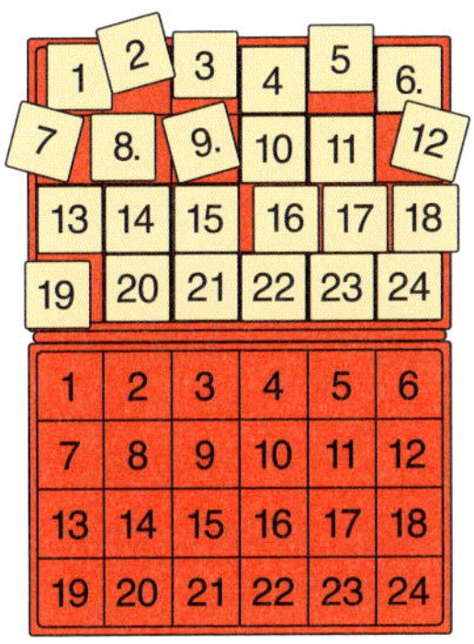

Schließe dann das Gerät und drehe es um. Öffne es von der Rückseite. Wenn du das bei der Übungsreihe abgebildete Lösungsmuster siehst, hast du alle Aufgaben richtig gelöst.

Beispiel Seite 2:
Flächeninhalte bestimmen

Nimm Plättchen 1 und sieh dir Aufgabe 1. an:

Es sind noch 6 Briefmarken auf dem Blatt. Wie viele Briefmarken befinden sich auf einem vollen Blatt?
Die richtige Antwort ist 10.
Zur richtigen Antwort gehört die Zahl 13.
Lege also Plättchen 1 auf das Feld 13 im Geräteboden.

So arbeitest du weiter, bis alle Plättchen im Geräteboden liegen.

Passen einige Plättchen nicht in das Muster, dann hast du dort Fehler gemacht. Drehe diese Plättchen da, wo sie liegen, um, schließe das Gerät, drehe es um und öffne es wieder.
Jetzt kannst du sehen, welche Aufgaben du noch einmal lösen musst. Nimm diese Plättchen heraus und suche die richtigen Ergebnisse. Kontrolliere dann noch einmal. Stimmt jetzt das Muster?

Das System ist für alle Übungen gleich:
Die roten Aufgabennummern im Heft entsprechen immer den LÜK-Plättchen aus dem Kontrollgerät.
Die Zahlen hinter den Lösungen sagen dir, auf welche Felder des Kontrollgerätes du die Plättchen legen musst.

Und nun viel Spaß!

Flächeninhalte bestimmen

1 Es sind noch 6 Briefmarken auf dem Blatt. Wie viele Briefmarken befinden sich auf einem vollen Blatt?

8 **3** 10 **13**

Wie viele Briefmarken befinden sich auf einem vollen Blatt?

A

B

C

2	Blatt A	15	**9**	12	**17**
3	Blatt B	15	**14**	20	**4**
4	Blatt C	100	**18**	80	**2**

Wie viele Marken befinden sich auf einem vollen Blatt?

5	Blatt A	12	**7**	15	**3**
6	Blatt B	10	**6**	15	**8**
7	Blatt C	80	**11**	100	**5**
8	Blatt D	20	**1**	25	**12**

A

B

C

D
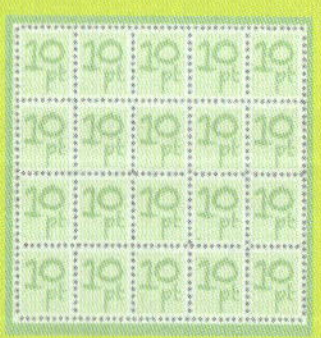

Wie viele Marken befinden sich auf einem vollen Blatt?

9	Blatt A	12	**6**	16	**15**
10	Blatt B	9	**16**	8	**24**
11	Blatt C	12	**14**	15	**23**
12	Blatt D	14	**21**	18	**18**

A

B

C

D
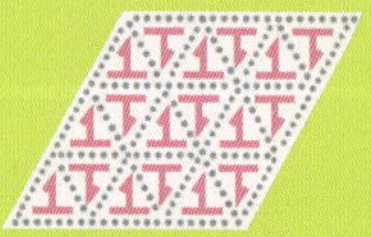

Ein Fingernagel hat eine Oberfläche von ungefähr 1 cm².

13 Wie viele cm² beträgt die Oberfläche eines Blattes ungefähr? 4 **7** 1 **16**

14 Wie viele cm² beträgt die Oberfläche von 3 Blättern ungefähr? 3 **20** 12 **11**

Wie viele cm² beträgt der Flächeninhalt?

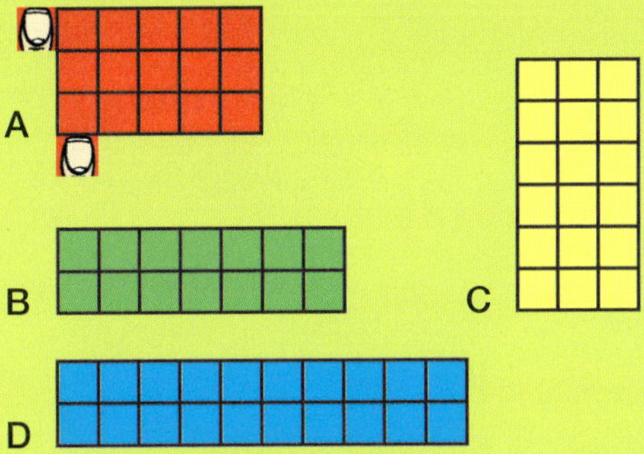

15 Form A 12 **7** 15 **9**

16 Form B 14 **20** 16 **19**

17 Form C 18 **23** 20 **17**

18 Form D 20 **22** 22 **8**

Wie groß ist der Flächeninhalt?

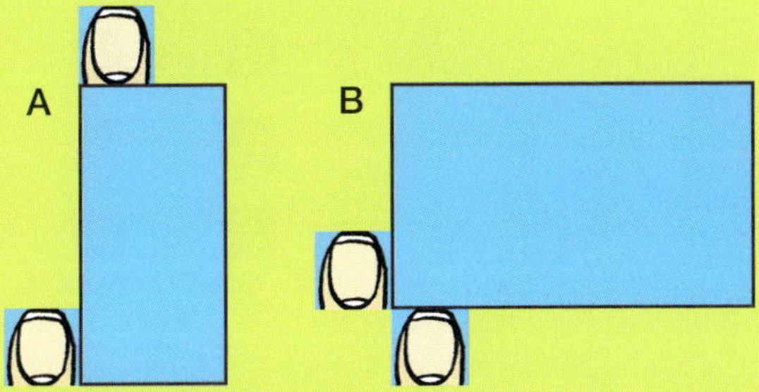

19 Abbildung A
8 cm² **12** 20 cm² **17**

20 Abbildung B
10 cm² **18** 15 cm² **19**

Wie viele Dreiecke sind in den Formen jeweils enthalten?

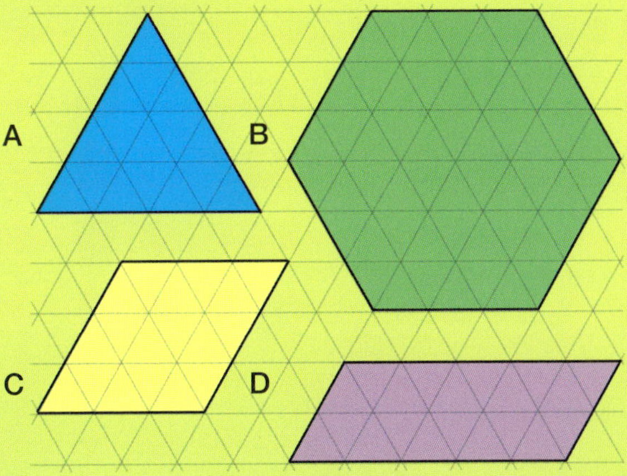

21 Form A
16 **21** 20 **13**

22 Form B
42 **4** 54 **24**

23 Form C
15 **3** 18 **8**

24 Form D
20 **10** 22 **16**

Flächeninhalte bestimmen mithilfe von Rastern

Wie viele Quadrate im Raster belegen die jeweiligen Rechtecke?

1	Rechteck A	24	9	20	7
2	Rechteck B	15	8	12	17
3	Rechteck C	25	14	20	16
4	Rechteck D	20	15	16	10

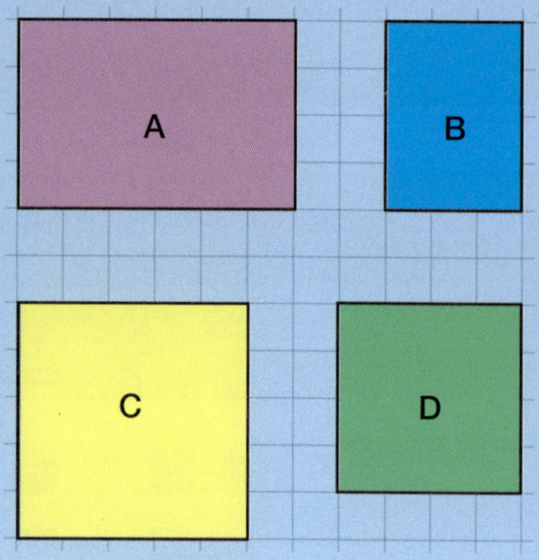

Wie viele Quadrate im Raster belegen die jeweiligen Formen?

5	Form E	16	24	18	1
6	Form F	10	18	9	12
7	Form G	15	11	13	5
8	Form H	10	3	12	20

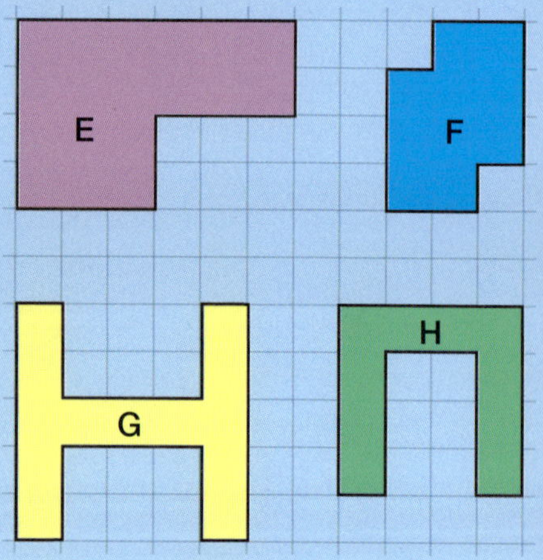

Wie viele Quadrate im Raster belegen die jeweiligen Dreiecke?

9	Dreieck K	12	13	14	23
10	Dreieck L	8	21	6	2
11	Dreieck M	12	22	12,5	4
12	Dreieck N	10	19	8	6

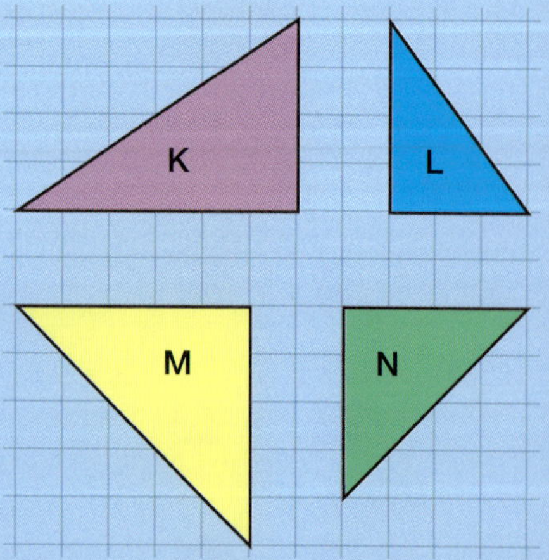

Wie viele Quadrate im Raster belegen die jeweiligen Formen?

13	Form A	16	21	18	4
14	Form B	10	2	8	23
15	Form C	18	19	16	6
16	Form D	15	13	12	22

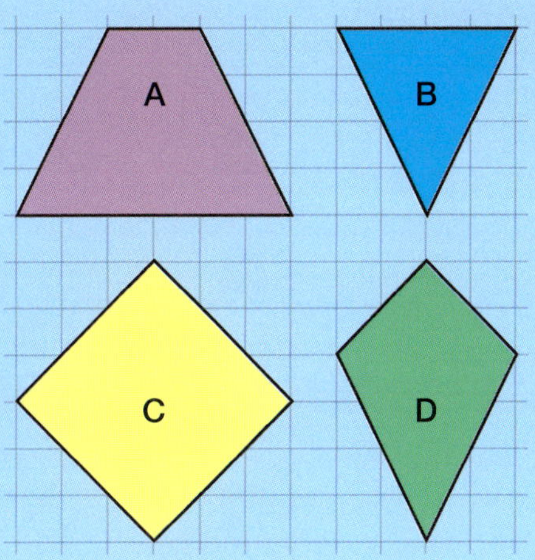

Wie viele Quadrate im Raster belegen die jeweiligen Formen?

17	Form E	18	11	16	18
18	Form F	12	20	10	5
19	Form G	12	12	11	8
20	Form H	14	3	12	15

Wie viele Quadrate im Raster belegen die jeweiligen Formen?

21	Form K	16	7	18	10
22	Form L	10	24	12	14
23	Form M	20	9	16	16
24	Form N	8	8	10	17

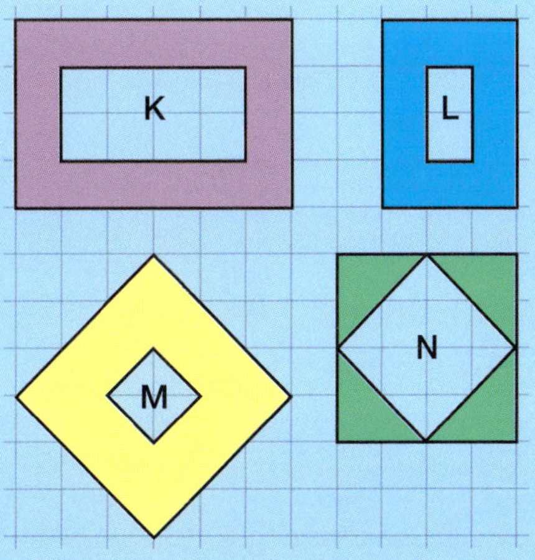

Flächeninhalte bestimmen mithilfe von Rastern

Wie groß ist der Flächeninhalt ungefähr?

1 Form A
20 Quadrate **8** 22 Quadrate **4**

2 Form B
10 Quadrate **16** 8 Quadrate **19**

3 Form C
20 Quadrate **24** 18 Quadrate **12**

4 Form D
14 Quadrate **3** 12 Quadrate **23**

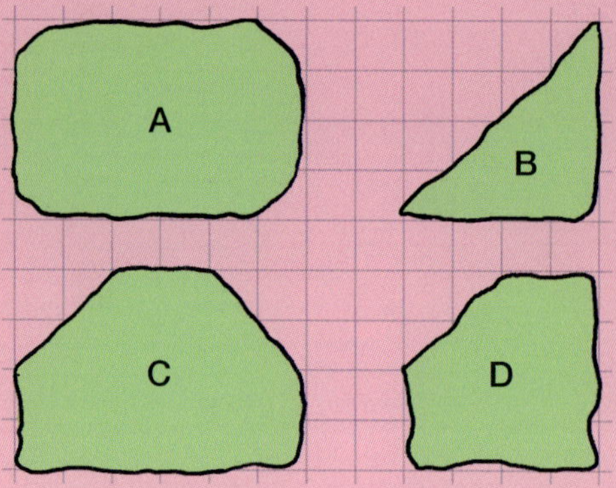

Wie groß ist der Flächeninhalt ungefähr?

5 Form E
12 Quadrate **11** 10 Quadrate **15**

6 Form F
10 Quadrate **7** 12 Quadrate **20**

7 Form G
14 Quadrate **18** 9 Quadrate **7**

8 Form H
10 Quadrate **15** 14 Quadrate **1**

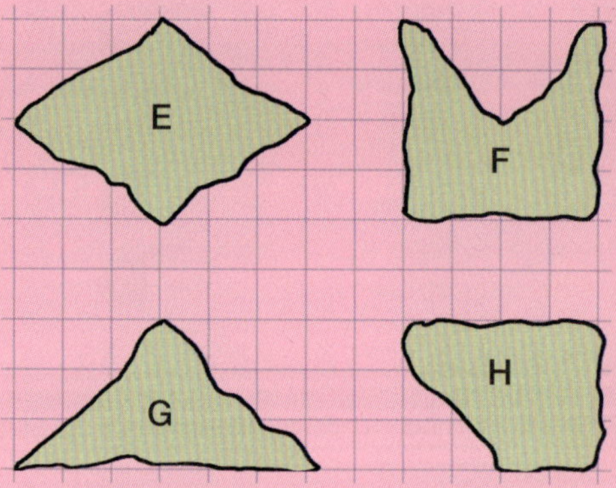

Wie groß ist der Flächeninhalt ungefähr?

9 Form K
18 Quadrate **23** 20 Quadrate **10**

10 Form L
20 Quadrate **17** 16 Quadrate **12**

11 Form M
10 Quadrate **13** 8 Quadrate **16**

12 Form N
16 Quadrate **8** 15 Quadrate **9**

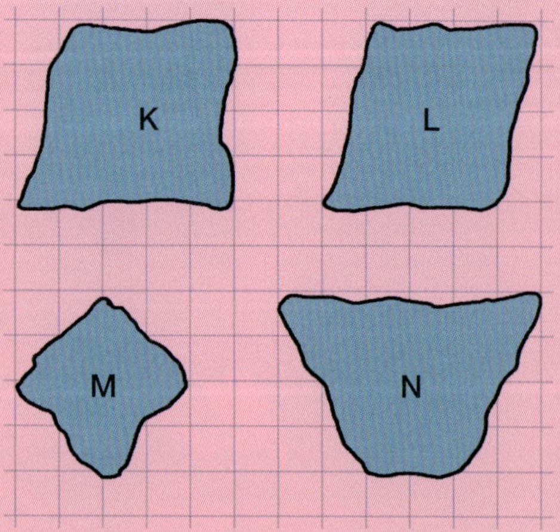

Wie groß ist die Fläche ungefähr?

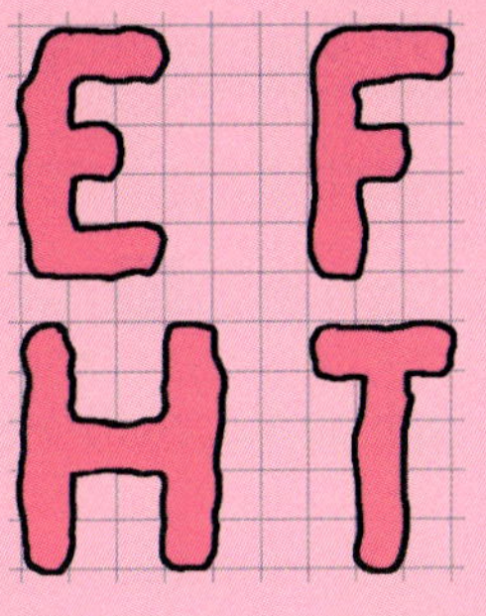

13 Buchstabe E 10 Quadrate **9** 12 Quadrate **6**

14 Buchstabe F 8 Quadrate **13** 9 Quadrate **21**

15 Buchstabe H 10 Quadrate **14** 12 Quadrate **17**

16 Buchstabe T 8 Quadrate **5** 7 Quadrate **10**

Wie groß ist die Fläche ungefähr?

17 Blatt A

15 Quadrate **22** 10 Quadrate **1**

18 Blatt B

21 Quadrate **18** 25 Quadrate **2**

19 Blatt C

18 Quadrate **2** 12 Quadrate **6**

20 Blatt D

8 Quadrate **22** 16 Quadrate **21**

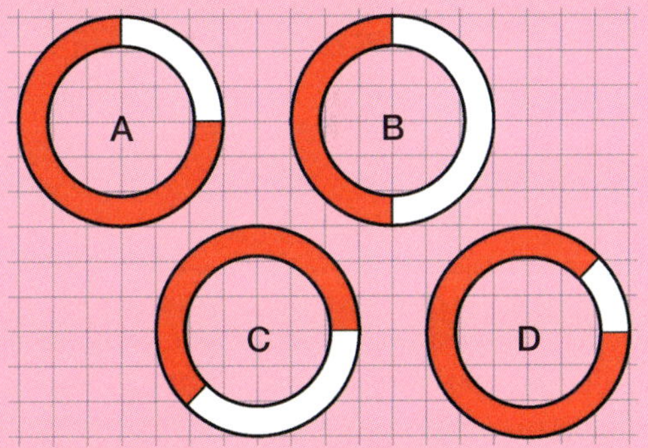

21 Welches der farbigen Teile hat den kleinsten Flächeninhalt?

A **1** B **5** C **6** D **21**

22 Welches der farbigen Teile hat den größten Flächeninhalt?

A **24** B **21** C **10** D **14**

23 Der rote Teil des Rings B belegt eine Fläche von ungefähr 7 Quadraten.
Die Oberfläche des roten Rings A belegt ungefähr

10 Quadrate **21** 14 Quadrate **10**

24 Gib die Reihenfolge von klein nach groß für den Flächeninhalt der roten Teile an.

B – C – A – D **6** B – A – C – D **11** A – B – C – D **22**

Flächeninhalte bestimmen mithilfe von Formeln

Berechne den Flächeninhalt der Rechtecke in cm^2.

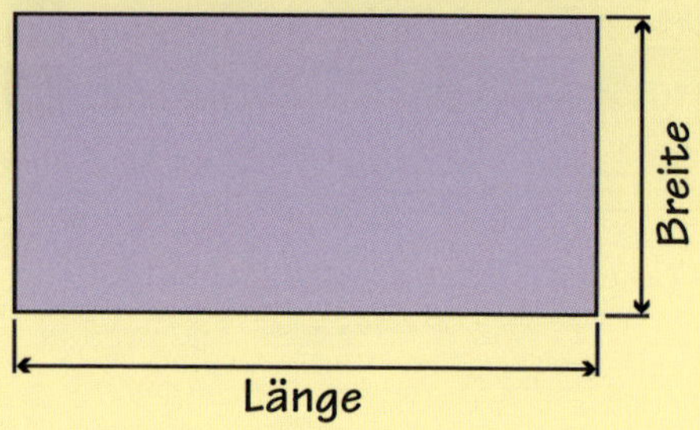

1	Länge 5 cm, Breite 4 cm	$40\ cm^2$	14	$20\ cm^2$	19
2	Länge 12 cm, Breite 8 cm	$96\ cm^2$	22	$100\ cm^2$	3
3	Länge 16 cm, Breite 2,5 cm	$40\ cm^2$	24	$37\ cm^2$	1
4	Länge 6 cm, Breite 3,5 cm	$19\ cm^2$	17	$21\ cm^2$	20

Berechne den Flächeninhalt der Rechtecke in cm^2.

5	Länge 5 dm, Breite 4 cm	$200\ cm^2$	17	$2000\ cm^2$	20
6	Länge 12 dm, Breite 5 cm	$120\ cm^2$	10	$600\ cm^2$	21
7	Länge 16 cm, Breite 25 mm	$40\ cm^2$	16	$400\ cm^2$	17
8	Länge 6 cm, Breite 30 mm	$180\ cm^2$	21	$18\ cm^2$	13

Berechne den Flächeninhalt der Rechtecke in m^2.

9	Länge 5 dm, Breite 4 m	$20\ m^2$	1	$2\ m^2$	23
10	Länge 12,5 m, Breite 4 m	$60\ m^2$	19	$50\ m^2$	18
11	Länge 15 m, Breite 12 dm	$18\ m^2$	14	$20\ m^2$	23
12	Länge 6 m, Breite 35 dm	$210\ m^2$	7	$21\ m^2$	15

Berechne den Flächeninhalt der Rechtecke.

13	A	15 m²	7	8 m²	13
14	B	18 cm²	10	180 cm²	4
15	C	2 m²	11	20 m²	22
16	D	80 cm²	24	800 cm²	8

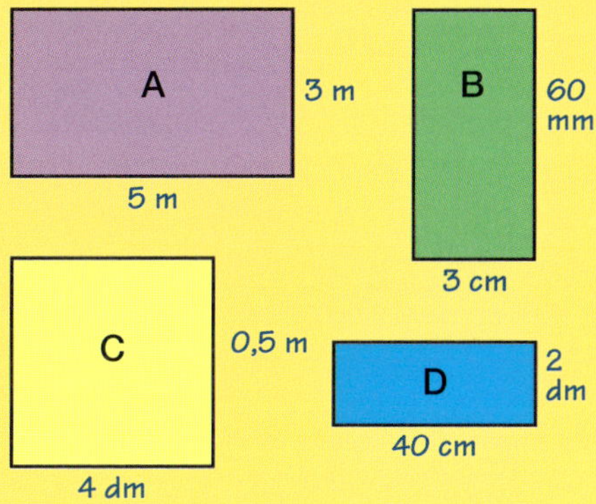

Berechne den Flächeninhalt der Rechtecke.

17	E	18 m²	4	180 dm²	5
18	F	1560 mm²	12	156 cm²	8
19	G	520 dm²	3	62 dm²	6
20	H	28 m²	15	20,8 m²	1

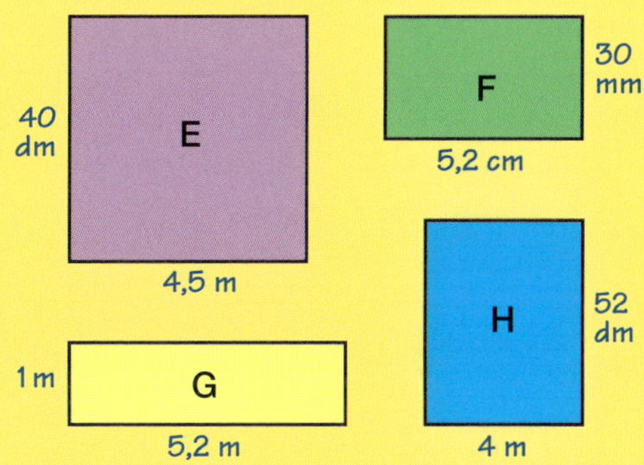

Berechne den Flächeninhalt der Formen.

21	K	25 m²	5	24 m²	8
22	L	480 mm²	8	48 cm²	9
23	M	20 dm²	2	200 cm²	11
24	N	100 mm²	12	10 cm²	6

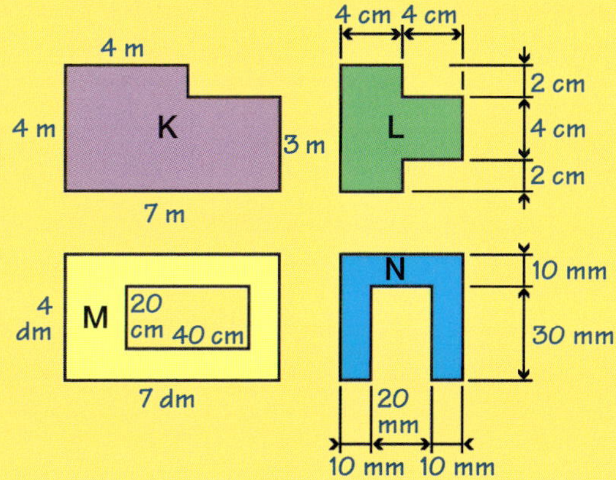

Flächeninhalte bestimmen mithilfe von Formeln

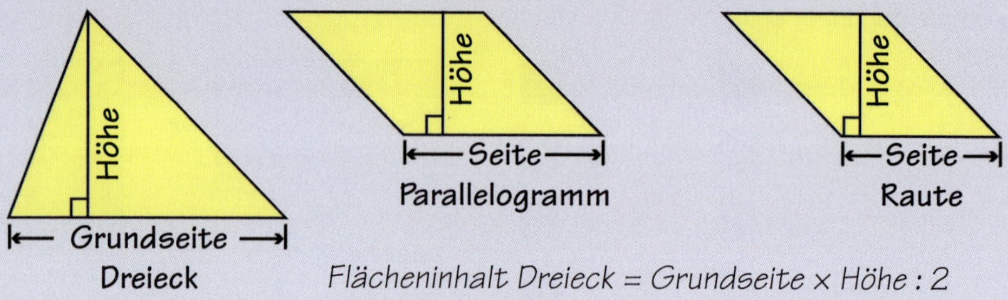

Flächeninhalt Dreieck = Grundseite x Höhe : 2

Flächeninhalt Parallelogramm = Seite x Höhe

Flächeninhalt Raute = Seite x Höhe

1 Ein Dreieck hat eine Grundseite von 10 cm und einer Höhe von 5 cm.

Die Grundfläche beträgt: 50 cm^2 **1** 25 cm^2 **9**

Berechne die Flächeninhalte der Dreiecke.

2	Grundseite 16 cm, Höhe 10 cm	160 cm^2	20	80 cm^2	7
3	Grundseite 25 dm, Höhe 8 dm	100 dm^2	12	400 dm^2	6
4	Grundseite 150 mm, Höhe 6 cm	45 cm^2	10	90 cm^2	24
5	Grundseite 2 dm, Höhe 20 cm	200 cm^2	17	100 cm^2	2
6	Grundseite 40 mm, Höhe 12 cm	24 cm^2	20	480 cm^2	14

Berechne die Flächeninhalte der Dreiecke.

7	A	90 cm^2	23	108 cm^2	1
8	B	126 cm^2	3	252 cm^2	18
9	C	150 cm^2	23	250 cm^2	21
10	D	192 cm^2	21	96 cm^2	6

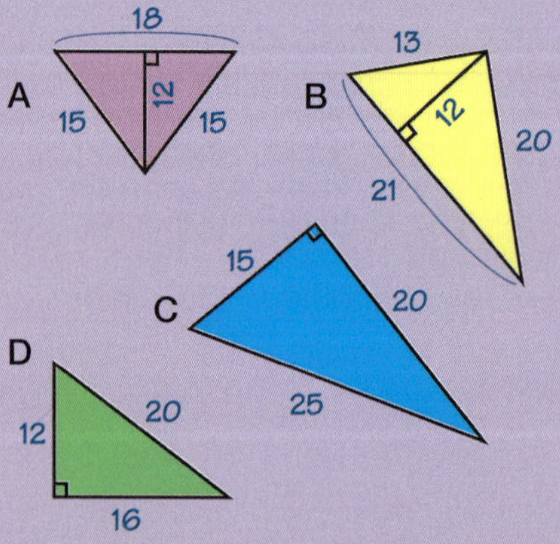

Berechne die Flächeninhalte der Parallelogramme.

11	Seite 40 cm, Höhe 20 cm	$800\ cm^2$	4	$400\ cm^2$	21
12	Seite 16 cm, Höhe 0,5 dm	$8\ dm^2$	19	$80\ cm^2$	14
13	Seite 15 cm, Höhe 150 mm	$225\ dm^2$	5	$225\ cm^2$	21

Berechne die Flächeninhalte der Rauten.

14	Seite 2 dm, Höhe 16 cm	$32\ cm^2$	20	$320\ cm^2$	19
15	Seite 400 mm, Höhe 30 cm	$12\ dm^2$	11	$120\ cm^2$	8
16	Seite 5 dm, Höhe 200 mm	$10\ dm^2$	22	$100\ cm^2$	9

Berechne die Flächeninhalte der Formen.

17	E	$1200\ cm^2$	13	$1280\ cm^2$	10
18	F	$1000\ cm^2$	5	$800\ cm^2$	24
19	G	$840\ cm^2$	2	$420\ cm^2$	16
20	H	$600\ cm^2$	15	$300\ cm^2$	4

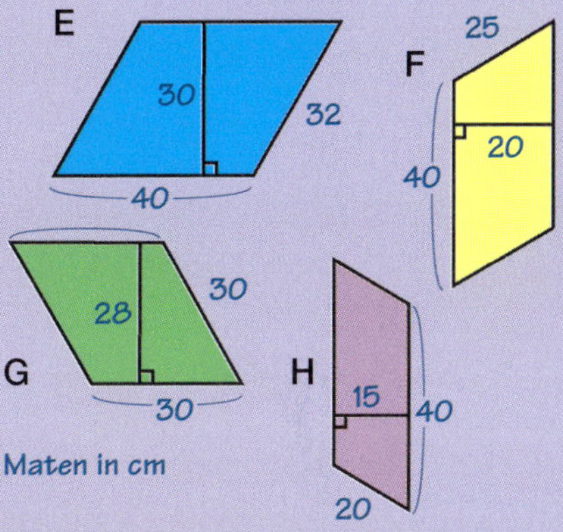

Das ist ein Tangram, ein chinesisches Legespiel. Berechne die Flächeninhalte von:

21	1	$32\ cm^2$	3	$16\ cm^2$	5
22	7	$8\ cm^2$	8	$12\ cm^2$	18
23	6	$8\ cm^2$	16	$4\ cm^2$	18
24	4	$8\ cm^2$	18	$10\ cm^2$	1

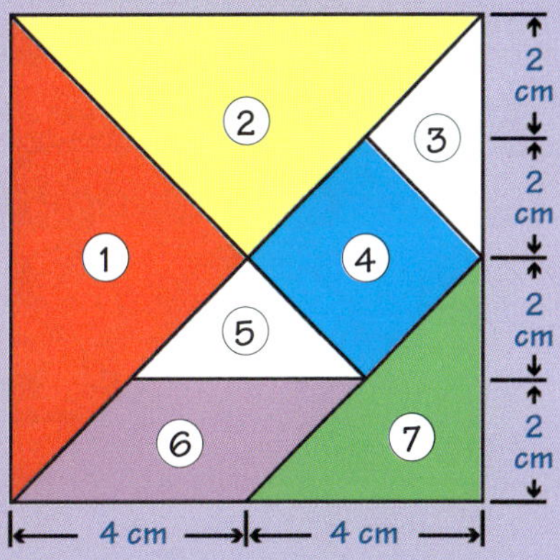

Herleiten von Flächenmaßen

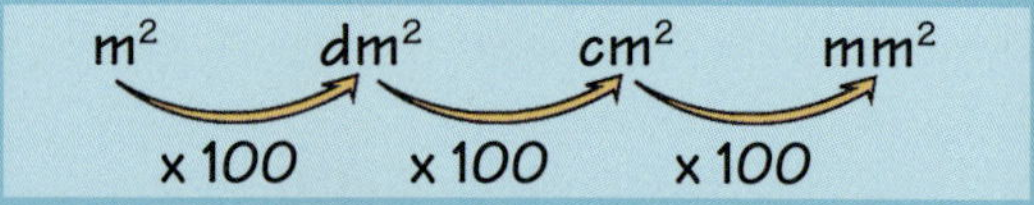

1	$5\ m^2$ =	$500\ dm^2$	6	$5000\ dm^2$	1
2	$4\ dm^2$ =	$400\ cm^2$	4	$400\ m^2$	18
3	$500\ dm^2$ =	$50\ m^2$	14	$5\ m^2$	1
4	$200\ cm^2$ =	$20\ dm^2$	11	$2\ dm^2$	5
5	$300\ mm^2$ =	$30\ cm^2$	2	$3\ cm^2$	7
6	$0{,}5\ cm^2$ =	$5\ dm^2$	13	$50\ mm^2$	3
7	$30\ dm^2$ =	$0{,}3\ m^2$	9	$300\ cm^2$	12
8	$2{,}5\ m^2$ =	$25\ dm^2$	13	$250\ dm^2$	11

Die Rasterquadrate sind jeweils $1\ cm^2$ groß. Wie groß ist der Flächeninhalt?

9	Form A	$40\ mm^2$	21	$400\ mm^2$	2
10	Form B	$16\ cm^2$	23	$8\ cm^2$	8
11	Form C	$300\ mm^2$	12	$0{,}3\ dm^2$	24
12	Form D	$0{,}1\ dm^2$	10	$100\ mm^2$	19
13	Form K	$0{,}8\ dm^2$	15	$800\ mm^2$	17
14	Form L	$40\ mm^2$	13	$400\ mm^2$	15

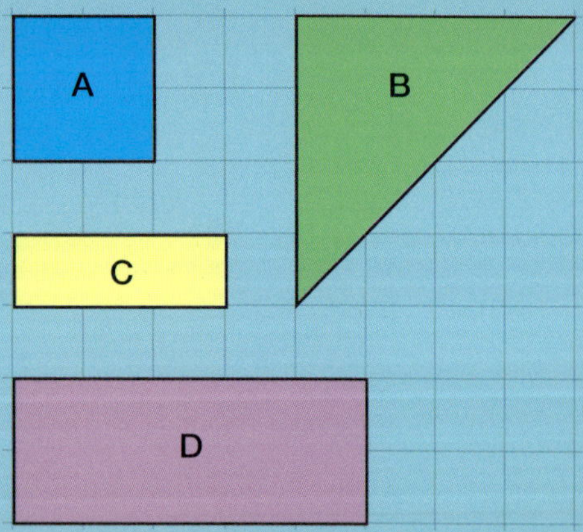

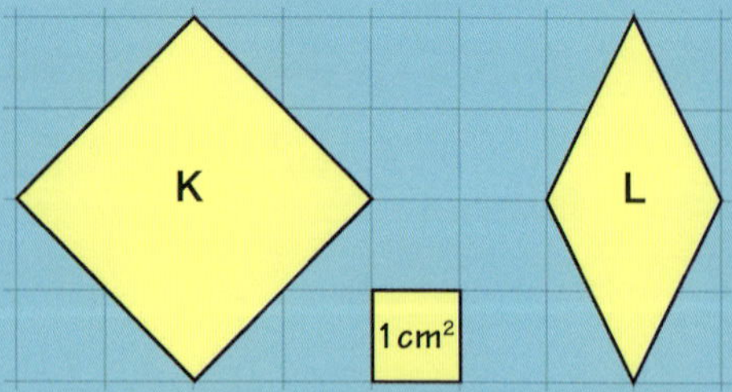

15 Form M

$120\ cm^2$ **21** $1200\ mm^2$ **13**

16 Form N

$55\ mm^2$ **22** $5,5\ cm^2$ **18**

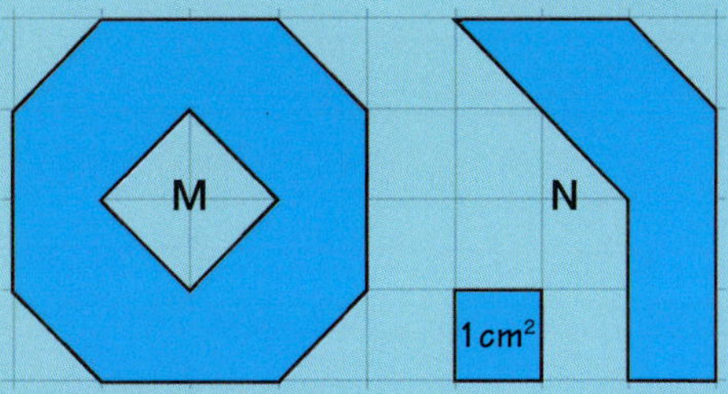

17	$60\ m^2 =$	$6000\ cm^2$	**20**	$6000\ dm^2$	**22**
18	$0,35\ m^2 =$	$35\ dm^2$	**14**	$350\ cm^2$	**23**
19	$750\ cm^2 =$	$0,75\ m^2$	**16**	$7,5\ dm^2$	**21**
20	$4,25\ m^2 =$	$425\ dm^2$	**24**	$42,50\ cm^2$	**19**

Berechne den Flächeninhalt der Rechtecke.

21 **A** $1280\ cm^2$ **3**

$1280\ dm^2$ **20**

22 **B** $14,4\ m^2$ **16**

$144\ dm^2$ **22**

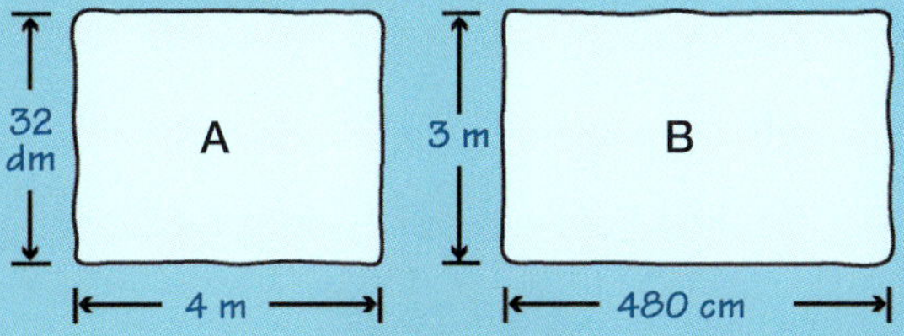

23 Wie groß ist die Rasenfläche?

$30,5\ m^2$ **19** $29,5\ m^2$ **23**

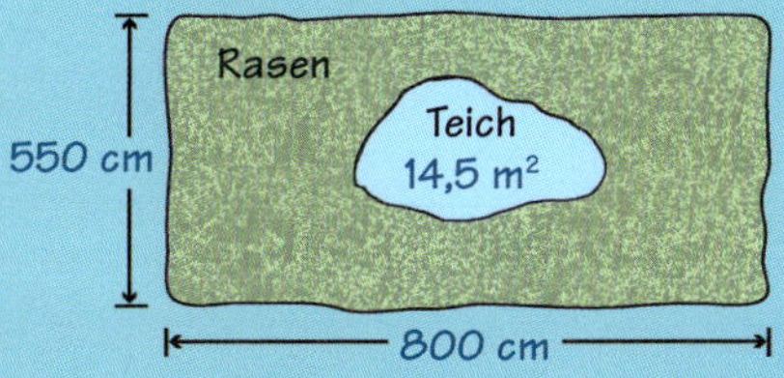

24 Wie groß ist das Wohnzimmer?

$35\ m^2$ **19** $50\ m^2$ **12**

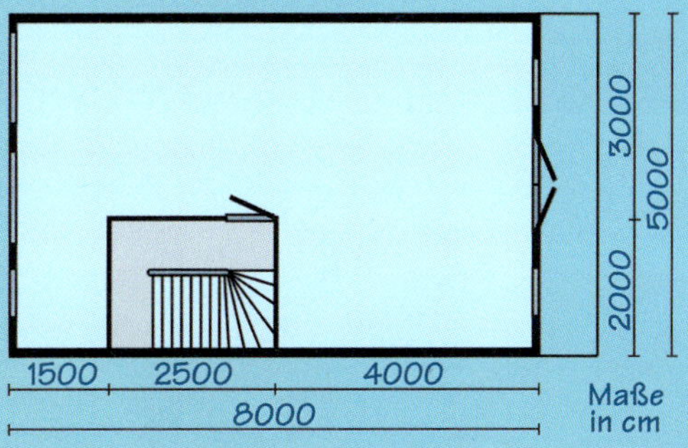

Herleiten von Flächenmaßen

1	3 km² =	300 hm²	7	3000 hm²	11
2	6 hm² =	6000 m²	18	60 000 m²	9
3	5 km² =	500 hm²	12	5000 dam²	4
4	7,5 hm² =	75 dam²	13	750 dam²	8
5	3000 m² =	3 hm²	24	30 dam²	5
6	800 hm² =	8 km²	10	80 km²	1
7	600 dam² =	6 hm²	3	60 hm²	23
8	120 hm² =	1,2 km²	1	12 km²	7

Die Grundfläche eines Fußballfeldes beträgt ungefähr 6000 m².

9 Wie viele Felder passen auf eine Fläche von 12 hm²?

72 **8** 5 **6** 20 **11**

10 Und wie viele auf eine Fläche von 0,6 km²?

36 **22** 10 **9** 100 **6**

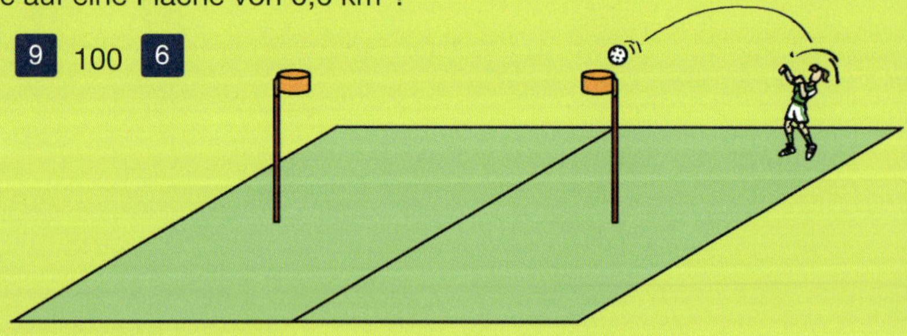

Ein Korbballfeld misst 40 mal 20 Meter.

11 Wie viele Korbballfelder passen auf eine Fläche von 80 mal 40 Meter?

2 **9** 4 **2** 20 **19**

12 Und wie viele auf eine Fläche von 0,4 hm²?

16 **21** 5 **4** 50 **10**

Ein Baugrundstück ist 2 hm^2 groß.

13 In wie viele Grundstücke mit der jeweiligen Größe von 400 m^2 kann die Fläche aufgeteilt werden?

4 **3** 50 **19** 25 **20**

14 Und in wie viele Grundstücke mit der jeweiligen Größe von 50 mal 50 Meter?

8 **21** 16 **9** 25 **16**

Ein Waldstück ist 4 km^2 groß.

15 Wie viele hm^2 sind das?

40 hm^2 **14** 400 hm^2 **23** 0,4 hm^2 **20**

16 Wie viele m^2 sind das?

400 m^2 **2** 4000 m^2 **24** 4 000 000 m^2 **20**

Ein See hat eine Fläche von 5000 m^2

17 Wie viele hm^2 sind das? 50 hm^2 **7** 0,5 hm^2 **15**

18 Wie viele km^2 sind das? 0,5 km^2 **13** 0,005 km^2 **24**

Ein Campingplatz hat eine Größe von 150 mal 50 Meter.

19 Wie groß ist die Grundfläche des Campingplatzes?

2,5 hm^2 **19** 7,5 hm^2 **18** 0,75 hm^2 **16**

20 Wie viele Stellplätze von 10 mal 10 Metern passen auf diesen Campingplatz?

50 **20** 75 **13** 125 **22**

Bei einem Heidebrand sind 6 hm^2 verloren gegangen.

21 Wie viele m^2 sind das? 60 000 m^2 **17** 600 m^2 **12**

22 Wie viele km^2 sind das? 0,6 km^2 **6** 0,06 km^2 **22**

Ein Gemüsegarten ist 2 dam^2 groß.

23 Wie viele m^2 sind das? 20 m^2 **15** 200 m^2 **14**

24 Wie viele hm^2 sind das? 20 hm^2 **13** 0,02 hm^2 **18**

Flächen sortieren

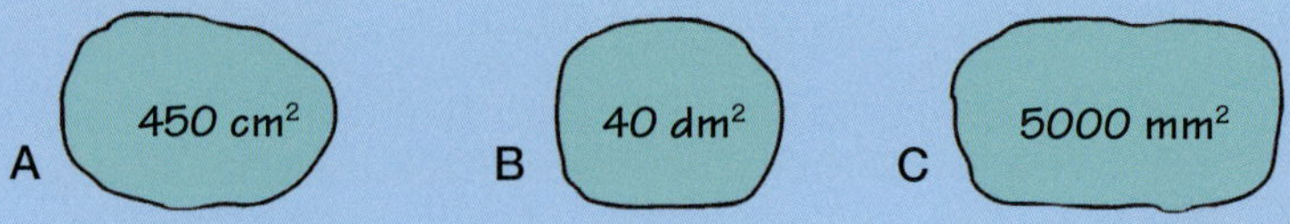

1	Welche Form hat die kleinste Fläche?	A **1**	B **6**	C **5**
2	Welche Form hat die größte Fläche?	A **13**	B **3**	C **7**
3	Die Reihenfolge von klein nach groß ist:	C – A – B **2**		C – B – A **4**

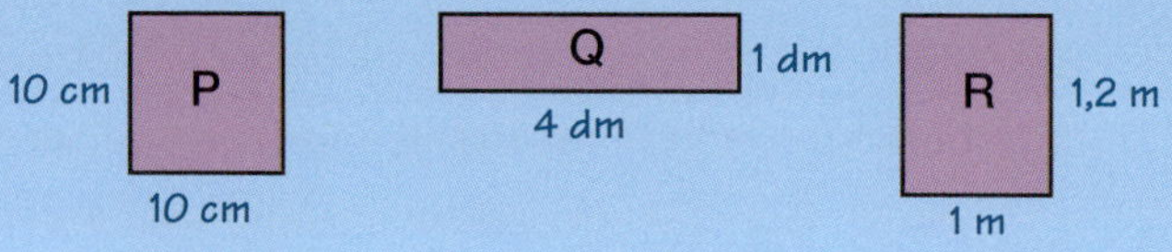

4	Welche Form hat die kleinste Fläche?	P **6**	Q **7**	R **10**
5	Welche Form hat die größte Fläche?	P **2**	Q **1**	R **13**
6	Die Reihenfolge von klein nach groß ist:	P – Q – R **4**		P – R – Q **21**

Welche Reihenfolge von klein nach groß ist richtig?

7	$5\ m^2 - 50\ dm^2 - 500\ cm^2$	**22**	9	$2500\ cm^2 - 2\ m^2 - 250\ dm^2$	**1**
	$500\ cm^2 - 50\ dm^2 - 5\ m^2$	**10**		$2\ m^2 - 250\ dm^2 - 2500\ cm^2$	**9**
8	$450\ dm^2 - 4\ m^2 - 5000\ cm^2$	**14**	10	$0{,}9\ m^2 - 9\ dm^2 - 90\ cm^2$	**8**
	$5000\ cm^2 - 4\ m^2 - 450\ dm^2$	**17**		$90\ cm^2 - 9\ dm^2 - 0{,}9\ m^2$	**14**

Das Bleiglasfenster hat rechteckige Scheiben.

11 Die Fläche der Scheibe E ist:

1500 cm² **9** 1600 cm² **18**

12 Die Reihenfolge von klein nach groß ist:

A – B – E **9** A – C – D **5**

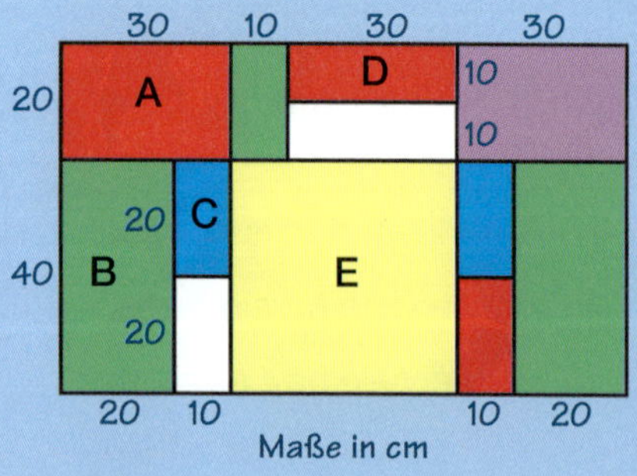

Welche Reihenfolge von klein nach groß ist richtig?

13 $0{,}75\ m^2 - 7{,}5\ dm^2 - 75\ cm^2$ **14**

$75\ cm^2 - 7{,}5\ dm^2 - 0{,}75\ m^2$ **11**

14 $0{,}9\ m^2 - 900\ dm^2 - 900\ cm^2$ **5**

$900\ cm^2 - 0{,}9\ m^2 - 900\ dm^2$ **16**

15 $0{,}1\ m^2 - 1200\ cm^2 - 100\ dm^2$ **7**

$1200\ cm^2 - 100\ dm^2 - 0{,}1\ m^2$ **15**

16 $500\ cm^2 - 50\ dm^2 - 5\ m^2$ **12**

$50\ dm^2 - 5\ m^2 - 500\ cm^2$ **9**

17 Die Fläche des Dreiecks A ist:

$840\ cm^2$ **16** $500\ cm^2$ **21**

18 Die größte Fläche hat das Dreieck:

A **9** B **19** C **8**

19 Die kleinste Fläche hat das Dreieck:

A **15** B **22** C **12**

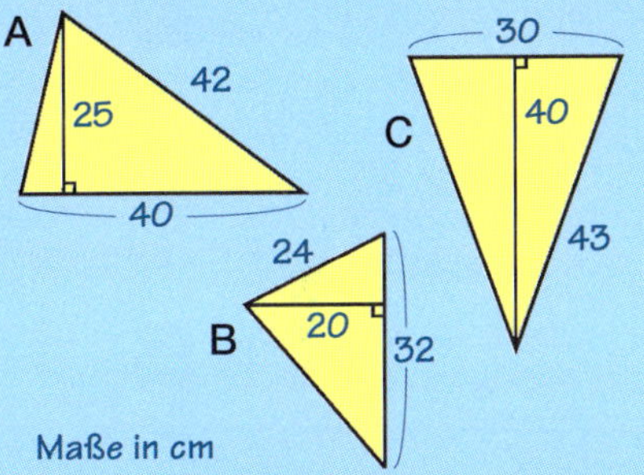

20 Die größte Fläche hat die Wiese:

X **23** Y **24** Z **15**

21 Die kleinste Fläche hat die Wiese:

X **18** Y **6** Z **19**

22 Die Reihenfolge von klein nach groß ist:

Y – Z – X **18** Z – Y – X **15**

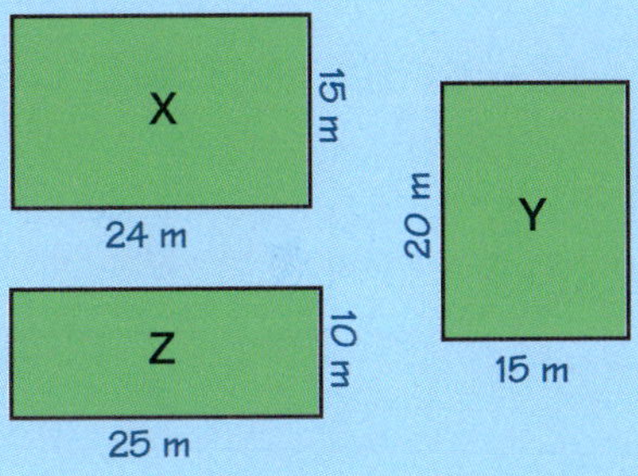

23 Welches Zimmer ist das größte?

Zimmer 1 **24** Zimmer 2 **20** Zimmer 3 **6**

24 Die Reihenfolge von klein nach groß ist:

Zimmer 1 – Zimmer 3 – Zimmer 2 **14**

Zimmer 2 – Zimmer 3 – Zimmer 1 **20**

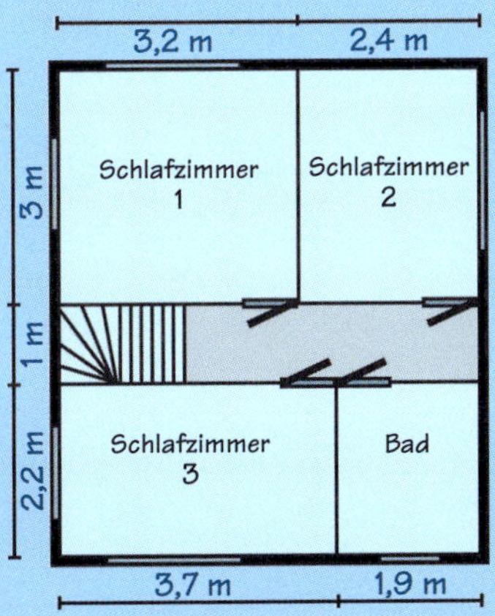

Volumen bestimmen durch Zählen

1 Wie viele Blöcke liegen auf Stapel P?

12 **4** 24 **12**

2 Und auf Stapel Q?

24 **11** 27 **8**

Wie viele Steine liegen hier?

3 auf Stapel A

48 **10** 72 **11**

4 auf Stapel B

40 **7** 48 **11**

5 auf Stapel C

72 **9** 96 **3**

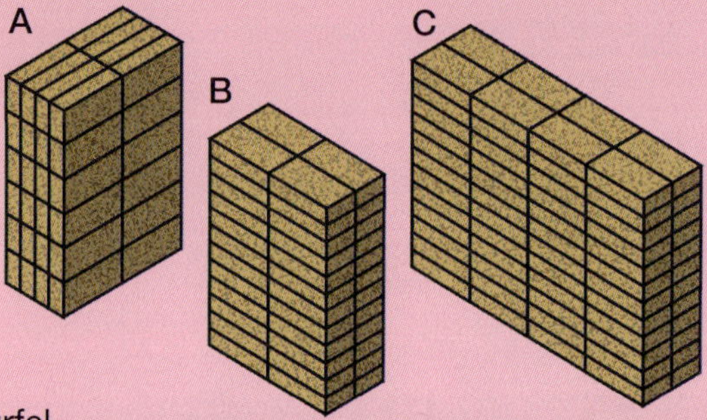

Berechne die Anzahl der Zuckerwürfel.

6 In der vollen Packung A.

64 **1** 48 **7**

7 In Packung B.

60 **6** 46 **1**

8 In Packung C.

44 **5** 40 **2**

9 In Packung D.

40 **16** 42 **9**

10 In Packung E.

36 **4** 40 **17**

11 In Packung F.

38 **19** 36 **6**

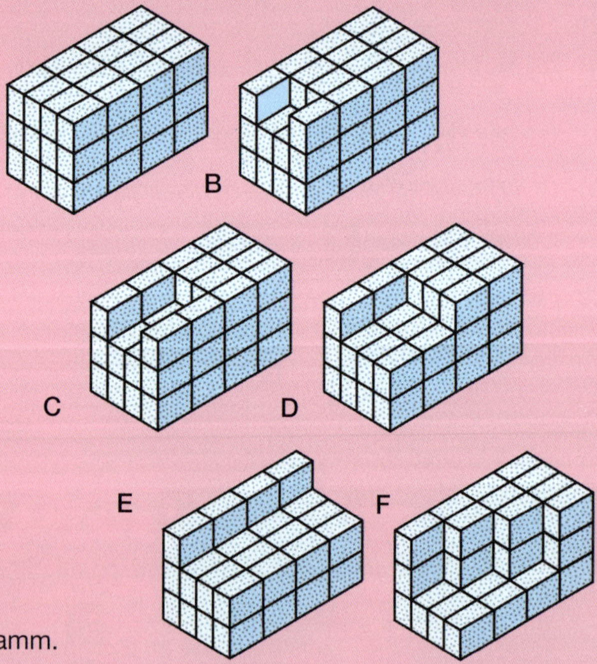

12 Ein Zuckerwürfel wiegt 6 Gramm.

Wie viel Gramm befinden sich insgesamt noch in Packung F?

216 Gramm **2** 240 Gramm **14**

Berechne die Mindestanzahl der Würfel.

A

B

C

D

13 kleinste mögliche Menge Stapel A

4 **24** 5 **23**

14 kleinste mögliche Menge Stapel B

8 **20** 7 **19**

15 kleinste mögliche Menge Stapel C

6 **21** 8 **22**

16 kleinste mögliche Menge Stapel D

10 **21** 11 **24**

Wie viele Würfel sind jeweils notwendig, um die Kuben zu vervollständigen?

17 bei Stapel A 3 **14** 4 **15**

18 bei Stapel B 11 **13** 20 **22**

19 bei Stapel D 16 **13** 18 **16**

20 Berechne die Anzahl der Würfel auf der untersten Ebene.

10 **17** 14 **18**

21 Wie viele Würfel liegen auf der zweiten Ebene?

7 **15** 5 **17**

22 Wie viele Würfel sind es insgesamt?

29 **20** 35 **3**

23 Aus wie vielen Würfel besteht der vollständig aufgefüllte Kubus?

64 **17** 80 **19**

24 Wie viele Würfel sind noch nötig, um den Kubus zu vervollständigen?

35 **16** 25 **14**

Volumen berechnen

Der Inhalt/das Volumen von Quadern errechnet sich aus Länge x Höhe x Breite.

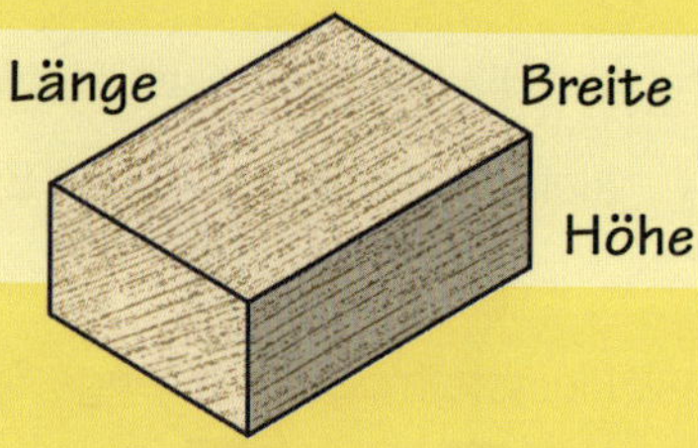

Wie groß ist das Volumen der Quader?

1 Länge 4 m, Breite 3 m, Höhe 2 m

14 m^3 **5** 24 m^3 **20**

2 Länge 5 cm, Breite 4 cm, Höhe 2 cm

40 cm^3 **22** 14 cm^3 **15**

3 Länge 5 dm, Breite 10 cm, Höhe 5 cm

2,5 dm^3 **23** 250 cm^3 **24**

4 Länge 4 dm, Breite 20 cm, Höhe 150 mm

120 dm^3 **21** 12 000 cm^3 **19**

Wie groß ist das Volumen der Quader?

5 Länge 5 cm, Breite 4,5 cm, Höhe 4 cm

90 cm^3 **11** 13,5 cm^3 **18**

6 Länge 0,5 dm, Breite 6 cm, Höhe 20 mm

60 cm^3 **21** 6 dm^3 **10**

7 Länge 2,5 m, Breite 4 dm, Höhe 25 cm

250 dm^3 **9** 2,5 dm^3 **8**

8 Länge 4 dm, Breite 0,4 dm, Höhe 0,5 m

8 dm^3 **7** 800 cm^3 **1**

Wie groß ist das Volumen?

9 Karton A 12 dm^3 **24** 120 cm^3 **8**

10 Karton B 150 cm^3 **2** 15 dm^3 **12**

11 Karton C 27 dm^3 **8** 270 dm^3 **5**

12 Karton D 16,5 dm^3 **10** 1650 cm^3 **4**

13 $5\ m^3 =$ — $5000\ dm^3$ **13** — $5000\ cm^3$ **14**

14 $2000\ dm^3 =$ — $20\ m^3$ **17** — 2 000 liter **15**

15 $4000\ cm^3 =$ — $40\ dm^3$ **6** — 4 liter **17**

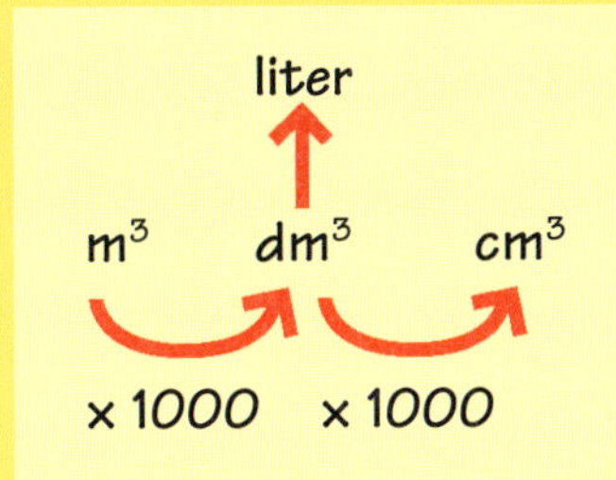

16 $0{,}8\ m^3 =$ — $80\ dm^3$ **4** — 800 liter **14**

17 $2\ dm^3 =$ — $200\ cm^3$ **5** — $2000\ cm^3$ **4**

18 $500\ cm^3 =$ — $5\ dm^3$ **5** — 0,5 liter **18**

Wie groß ist das Volumen?

19 Schublade A

$600\ dm^3$ **2** — $6000\ dm^3$ **3**

20 Schublade B

512 liter **2** — $5120\ dm^3$ **5**

21 Schublade C

$32\ 000\ cm^3$ **6** — $320\ dm^3$ **19**

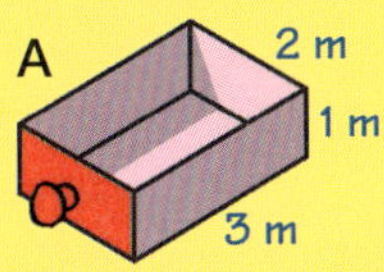

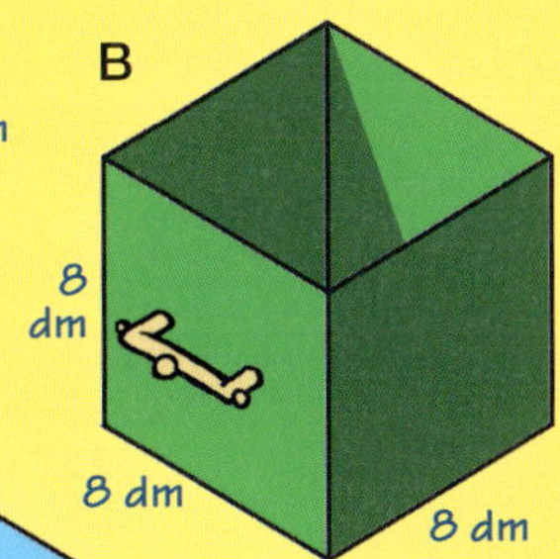

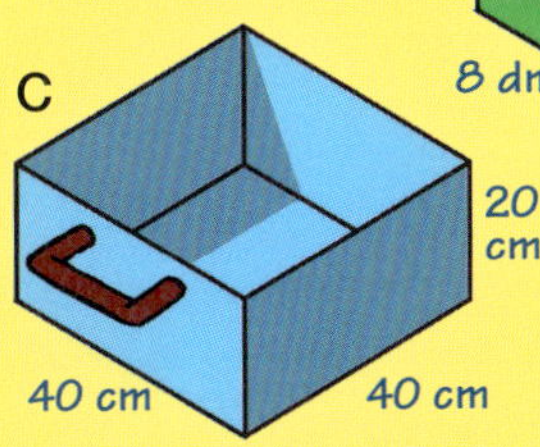

Wie groß ist das Volumen?

22 Schublade D

$48\ cm^3$ **13** — $4800\ cm^3$ **16**

23 Schublade E

$150\ cm^3$ **5** — 15 liter **1**

24 Schublade F

$200\ cm^3$ **9** — $2000\ cm^3$ **5**

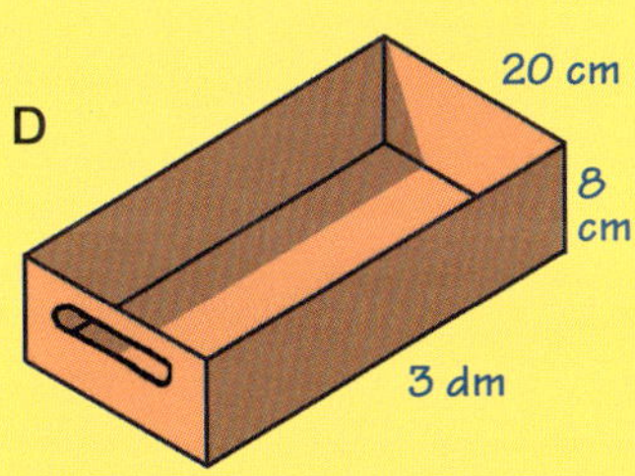

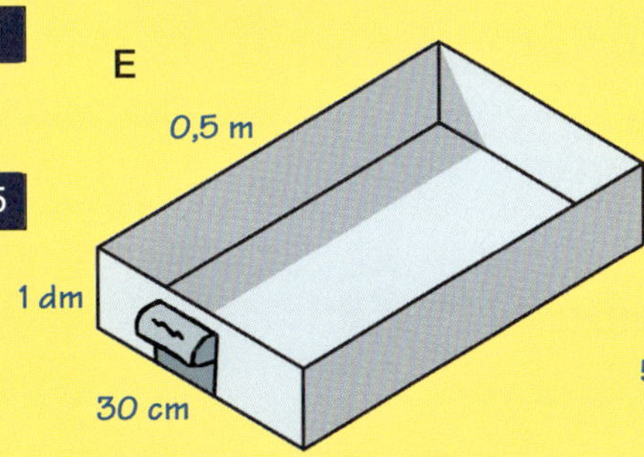

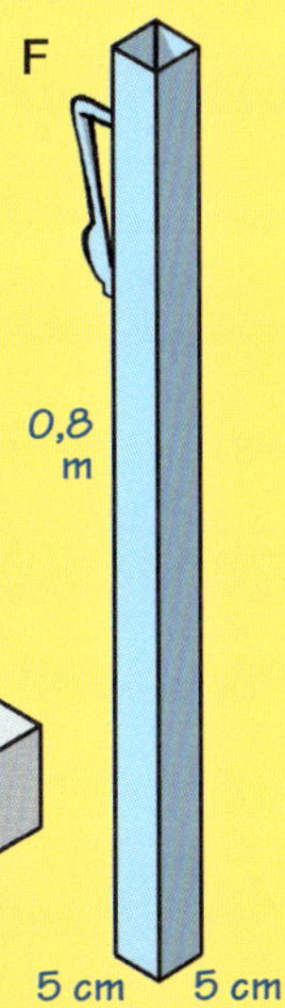

Volumeneinheiten

1	5 liter =	50 dl	24	50 cl	23
2	4 dl =	40 liter	21	40 cl	22
3	40 cl =	400 dl	20	400 ml	19
4	500 ml =	50 dl	1	50 cl	23
5	600 ml =	6 cl	5	60 cl	8
6	750 cl =	75 dl	21	7,5 dl	9
7	1500 ml =	1,5 dl	11	150 cl	10
8	0,75 liter =	75 cl	12	75 dl	13
9	1200 cl =	12 liter	20	12 dl	14

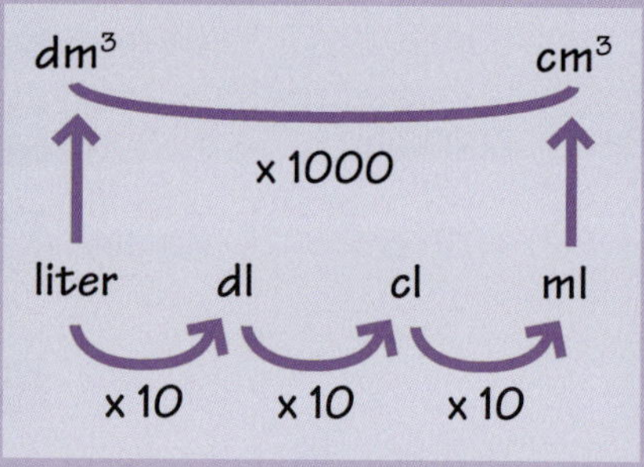

10 Welche Flasche hat das größte Fassungsvermögen?

Q **24** S **18** P **9** R **7**

11 Welche Flasche hat das kleinste Fassungsvermögen?

P **2** Q **11** R **19** S **18**

12 Die Reihenfolge von klein nach groß ist:

Q – P – S – R **22**

Q – S – P – R **9**

S – P – Q – R **16**

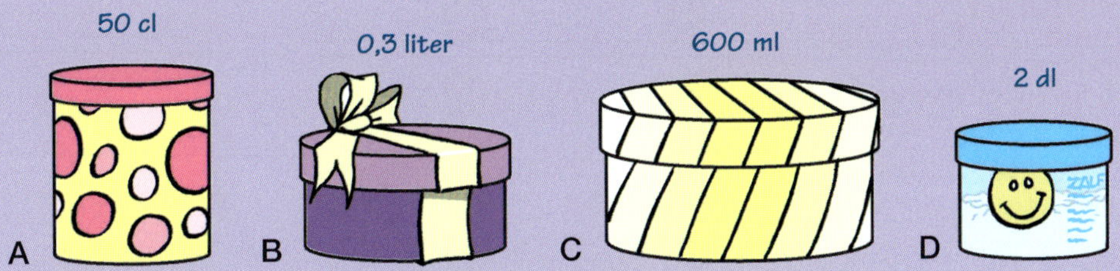

13 Welche Dose hat das größte Fassungsvermögen?

A **3** B **7** C **18** D **19**

14 Welche Dose hat das kleinste Fassungsvermögen?

A **18** B **13** C **15** D **16**

15 Die Reihenfolge von klein nach groß ist:

D – A – B – C **3** B – A – C – D **6** D – B – A – C **14**

16	80 cl =	0,8 liter **17**	800 dl **4**
17	250 ml =	2,5 dl **4**	2,5 liter **6**
18	75 ml =	0,75 dl **13**	0,75 cl **8**
19	12,5 cl =	1,25 dl **3**	125 liter **7**
20	0,05 liter =	50 cl **10**	5 cl **6**

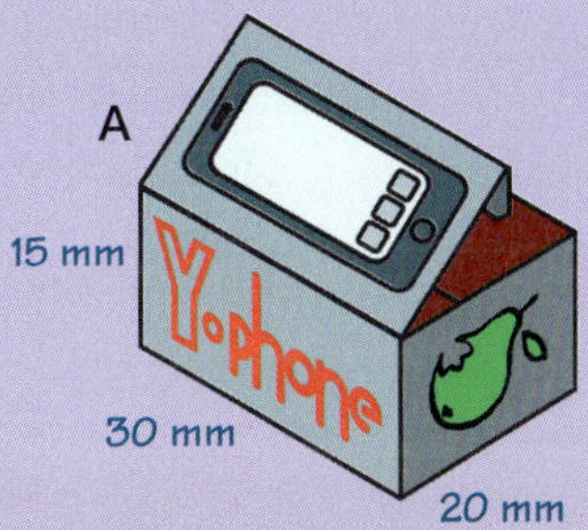

21 Wie groß ist das Fassungsvermögen von Karton A?

900 mm³ **12** 9000 mm³ **2**

22 Wie viele cl sind das?

90 cl **1** 0,9 cl **15**

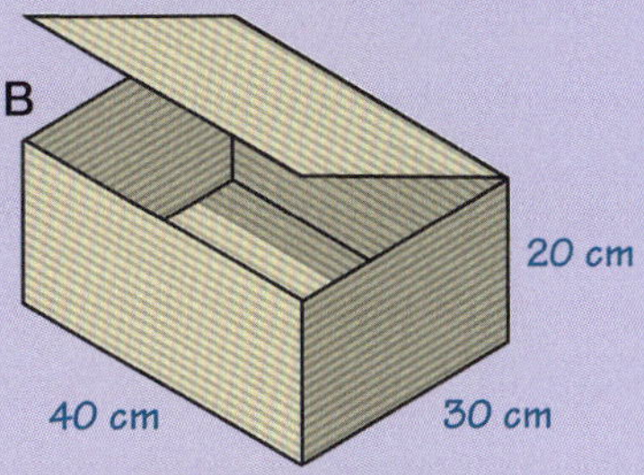

23 Wie groß ist das Fassungsvermögen von Karton B?

2400 cm³ **1** 24 dm³ **5**

24 Wie viele liter sind das?

2,4 liter **16** 24 liter **1**

Volumeneinheiten

1	5 liter =	50 cl **4**	500 cl **22**
2	0,1 liter =	10 cl **20**	10 dl **16**
3	500 ml =	50 cl **23**	50 dl **2**
4	80 dl =	8 cl **10**	8 liter **21**
5	4 cm^3 =	40 cl **10**	0,4 cl **17**
6	12 cl =	1200 cm^3 **4**	120 cm^3 **19**
7	100 ml =	100 cm^3 **13**	10 dl **20**
8	5 dm^3 =	5000 ml **15**	50 cm^3 **9**

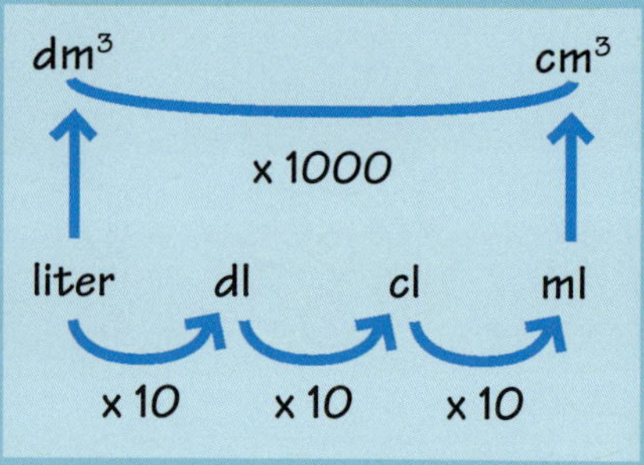

9 In einer Packung befinden sich 0,5 Liter Flüssigkeit
Wie viele Spritzen zu jeweils 5 ml können hiermit gefüllt werden?

100 **24** 500 **16**

10 In einer Tube befinden sich 10 ml Augensalbe.
Wie viele Tuben kann man mit einem Liter Augensalbe füllen?

100 **18** 10 **7**

11 In einer Tube befinden sich 75 ml Farbe.
Wie viele Tuben kann man mit 12 Litern Farbe füllen?

90 **22** 160 **16**

12 In einer Tube befinden sich 75 ml Zahncreme.
Mit jedem Putzen werden 0,5 ml verbraucht.
Wie viele Male kann man putzen?

150 **14** 50 **2**

13 $8\ dm^3 =$ 80 cl **18** 80 dl **9**

14 $4000\ cl =$ $400\ cm^3$ **22** $40\ dm^3$ **7**

15 $100\ cl =$ $1\ cm^3$ **8** 1 liter **11**

16 $25\ cm^3 =$ 250 cl **7** 2,5 cl **10**

17 $0{,}2\ dm^3 =$ 20 cl **2** 0,02 cl **7**

18 $0{,}4\ cl =$ $40\ cm^3$ **17** $4\ cm^3$ **12**

19 10 liter = 1 dl **24** $10\,000\ cm^3$ **1**

20 $0{,}25\ dm^3 =$ 250 ml **4** $25\ cm^3$ **21**

21 In einer Flasche befinden sich 2 Liter Limonade.
Wie viele Gläser mit je 20 cl kann man hiermit füllen?
4 **5** 10 **6**

22 In einer Packung befinden sich 10 Liter Flüssigkeit.
Wie viele Flaschen mit je 50 cl kann man damit füllen?
2 **3** 20 **8**

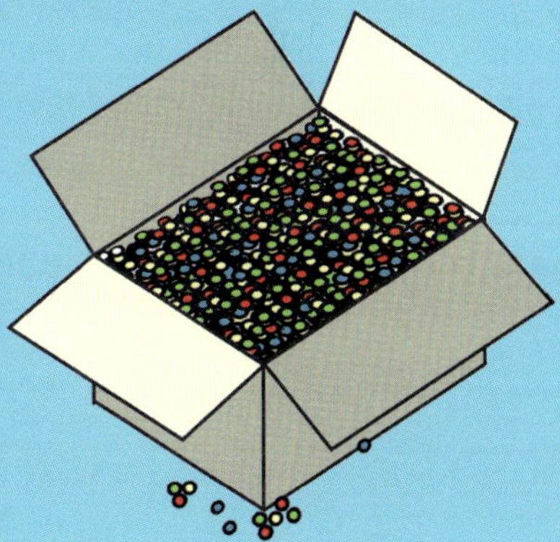

23 Eine Kiste hat ein Fassungsvermögen
von $15\ dm^3$. Wie viele Kisten mit je $15\ cm^3$
kann man damit füllen?
1000 **3** 100 **21**

24 Eine Verpackung hat ein Fassungsvermögen
von $2{,}5\ dm^3$. In wie viele Portionen zu je $25\ cm^3$
kann man die Menge aufteilen?
100 **5** 10 **13**

Messbecher ablesen

Lies die Messbecher ab.

1 Pfeil A

0,8 liter **4** 0,9 liter **19**

2 Pfeil B

0,5 liter **21** 5 liter **7**

3 Pfeil C

0,2 liter **24** 0,22 liter **1**

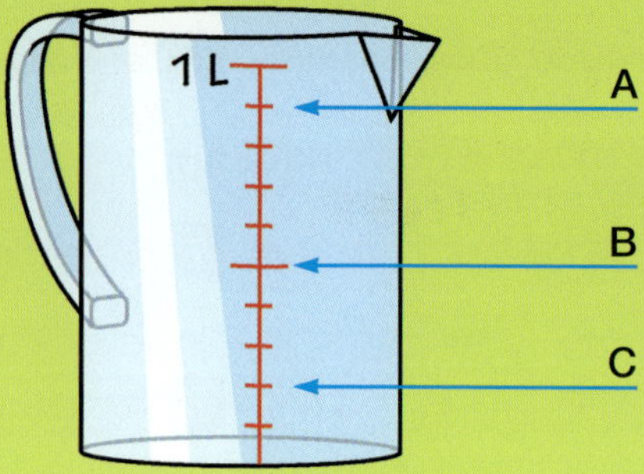

4 Pfeil D

8 dl **20** 8 cl **11**

5 Pfeil E

40 cl **17** 40 dl **16**

6 Pfeil F

10 cl **22** 10 dl **19**

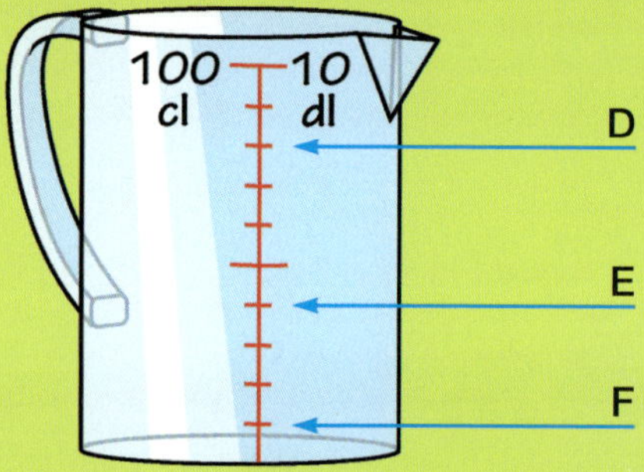

7 Pfeil G

90 cl **15** 9 liter **21**

8 Pfeil H

0,7 liter **13** 7 cl **20**

9 Pfeil J

2 dl **23** 2 cl **12**

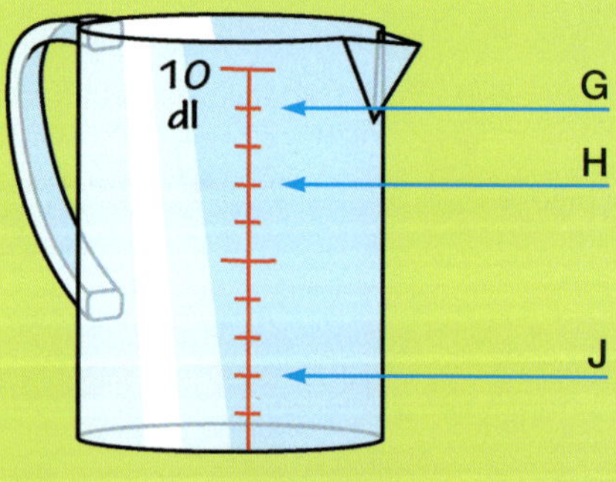

10 Pfeil K

0,8 liter **18** 80 dl **22**

11 Pfeil L

6 liter **2** 60 cl **14**

12 Pfeil M

3 dl **16** 3 cl **13**

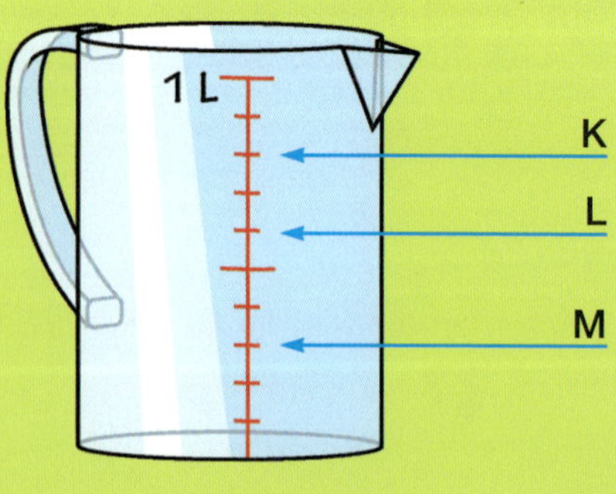

Lies die Messbecher ab.

13 Pfeil A

0,8 liter **22** 1,6 liter **7**

14 Pfeil B

0,5 liter **6** 1 liter **9**

15 Pfeil C

0,2 liter **11** 0,1 liter **18**

16 Pfeil D

8 dl **10** 160 cl **8**

17 Pfeil E

40 cl **17** 80 cl **3**

18 Pfeil F

4 dl **12** 200 cl **15**

19 Pfeil G

7 cl **3** 0,7 liter **4**

20 Pfeil H

5 liter **5** 50 cl **1**

21 Pfeil J

2 dl **5** 200 cl **9**

22 Pfeil K

0,8 liter **10** 80 dl **14**

23 Pfeil L

5 dl **2** 5 cl **23**

24 Pfeil M

0,3 dl **8** 30 cl **6**

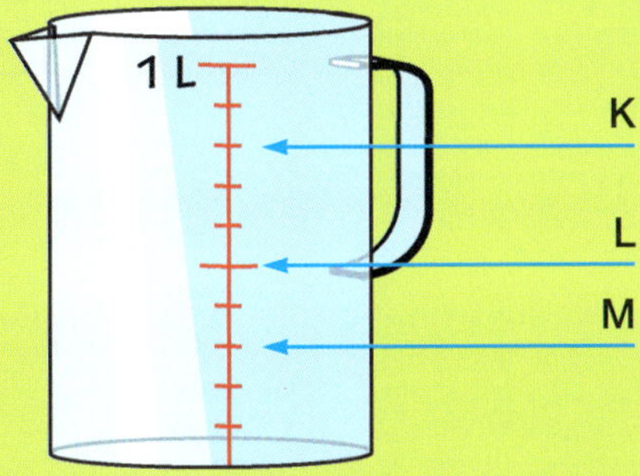

Inhalte ablesen

Lies den Inhalt der Spritzen ab.

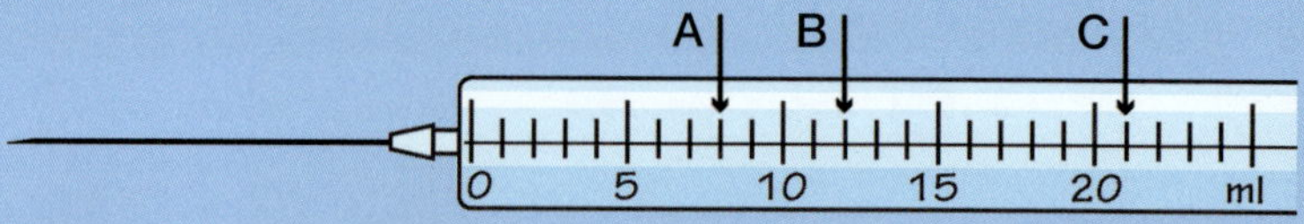

1	Pfeil A	8 ml	17	7 ml	3
2	Pfeil B	12 ml	7	17 ml	21
3	Pfeil C	25 ml	16	21 ml	10

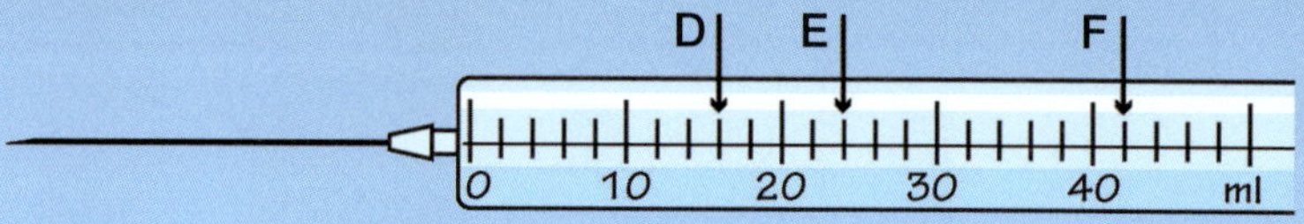

4	Pfeil D	16 ml	12	13 ml	24
5	Pfeil E	22 ml	18	24 ml	3
6	Pfeil F	41 ml	1	42 ml	14

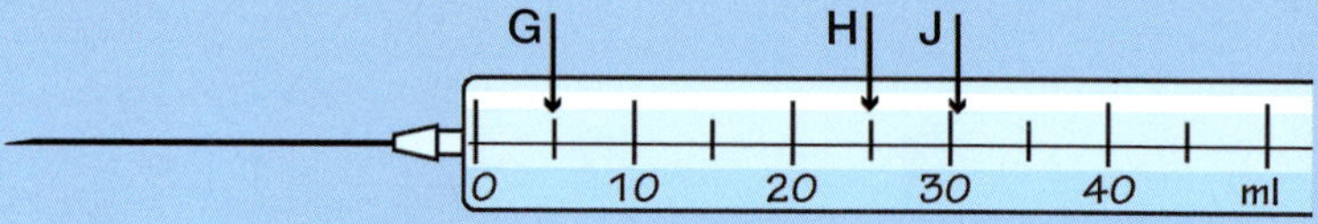

7	Pfeil G	5 ml	1	50 ml	20
8	Pfeil H	15 ml	9	25 ml	5
9	Pfeil J	33 ml	23	31 ml	9

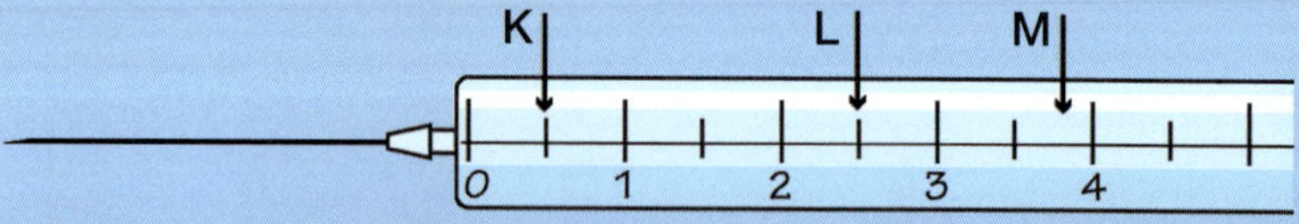

10	Pfeil K	0,5 ml	4	5 ml	19
11	Pfeil L	25 ml	13	2,5 ml	6
12	Pfeil M	3,6 ml	14	3,8 ml	2

13 400 ml = 40 cl **23** 4 cl **7**

14 8 liter = 800 cl **19** 80 cl **2**

15 4 dl = 40 liter **11** 40 cl **21**

16 200 cl = 20 ml **5** 2000 ml **24**

17 300 cl = 3 liter **13** 3 dl **4**

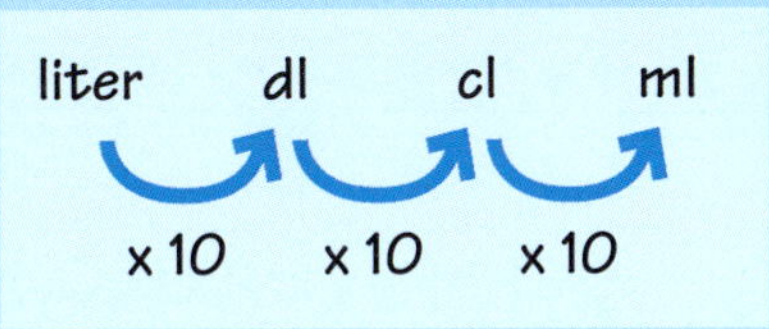

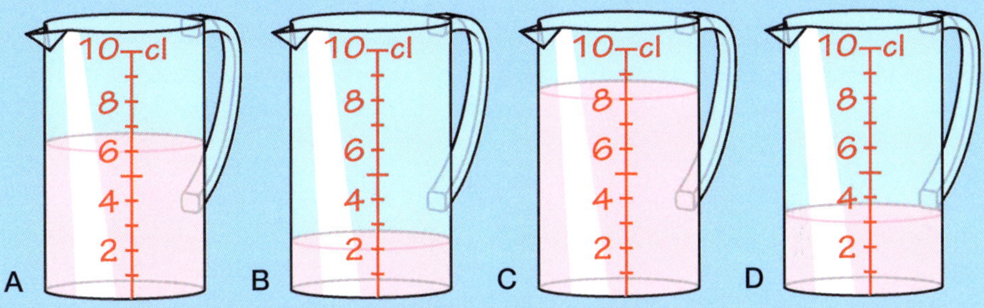

Wie viel Flüssigkeit befindet sich jeweils im Messbecher?

18 A 600 ml **15** 6 cl **22**

19 B 0,2 liter **18** 0,2 dl **8**

20 C 8 cl **11** 0,8 ml **16**

21 D 30 ml **15** 3 liter **18**

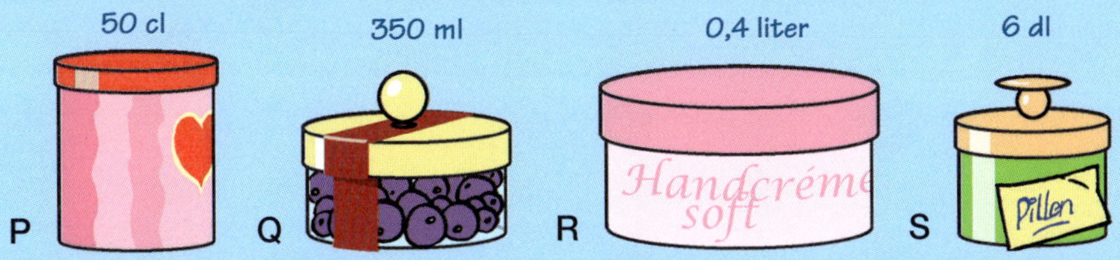

22 In welches Töpfchen passt am meisten?

S **20** P **8** R **12**

23 In welches Töpfchen passt am wenigsten?

P **6** Q **18** R **4**

24 Die Reihenfolge von klein nach groß ist:

R – P – S – Q **12** Q – R – P – S **16** Q – P – R – S **11**

Umfang, Fläche und Inhalt

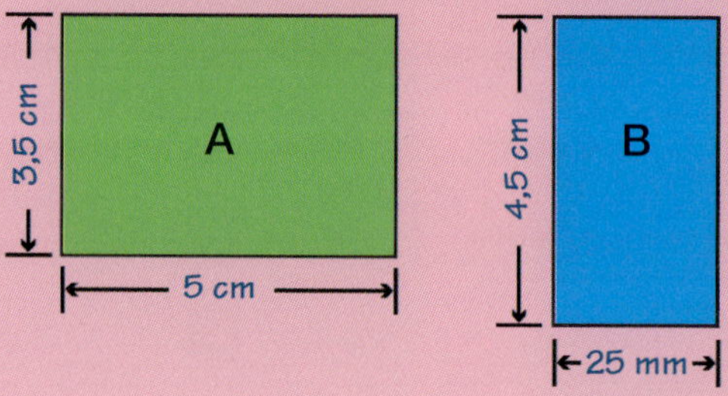

1 Der Umfang von Rechteck A beträgt

8,5 cm **14** 17 cm **15**

2 Die Fläche von Rechteck A beträgt

17 cm^2 **16** 17,5 cm^2 **17**

3 Der Umfang von Rechteck B beträgt

140 mm **14** 59 mm **13**

4 Die Fläche von Rechteck B beträgt

1125 mm^2 **16** 112,5 cm^2 **5**

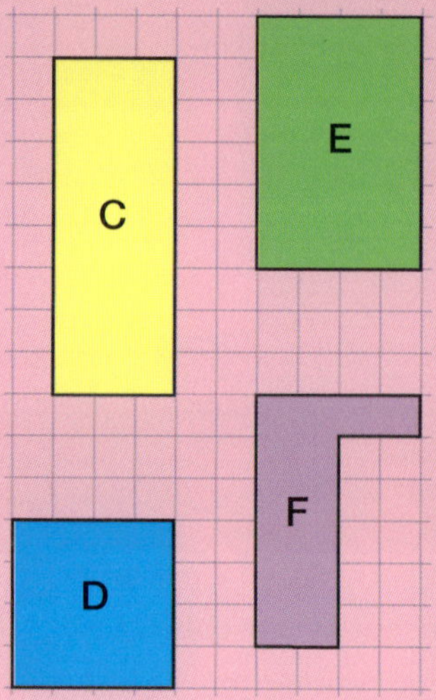

5 Welche beiden Formen haben den gleichen Umfang?

E en F **13** E en C **3**

6 Welche beiden Formen haben die gleichen Fläche?

E en C **24** C en D **19**

7 Welche Form hat den größten Umfang?

F **3** C **5** E **2**

8 Welche Form hat die kleinste Fläche?

D **2** F **3** E **4**

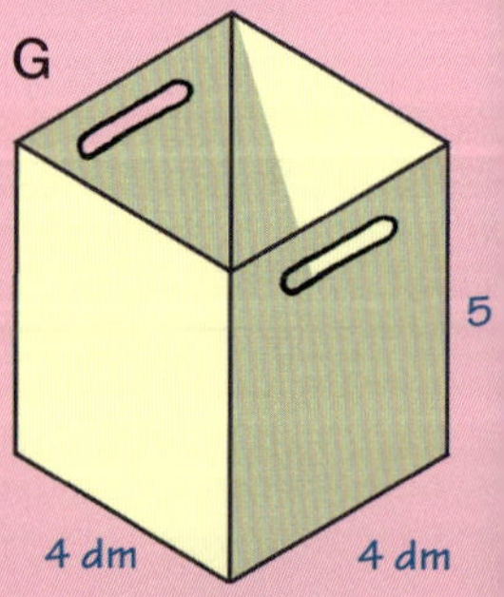

9 Wie groß ist das Fassungsvermögen von Schublade G?

800 cm^3 **18** 80 dm^3 **19**

10 Wie viele Liter sind das?

0,8 liter **23** 80 liter **2**

11 Wie groß ist das Fassungsvermögen von Schublade H?

2000 cm^3 **18** 20 dm^3 **4**

12 Wie viele Liter sind das?

20 liter **18** 200 liter **4**

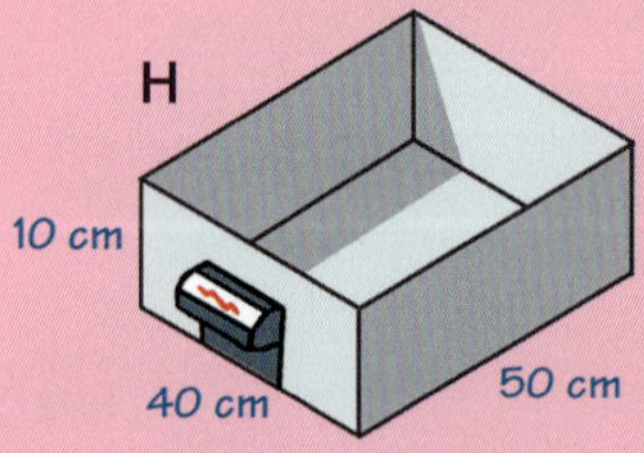

Die Reihenfolge von klein nach groß ist:

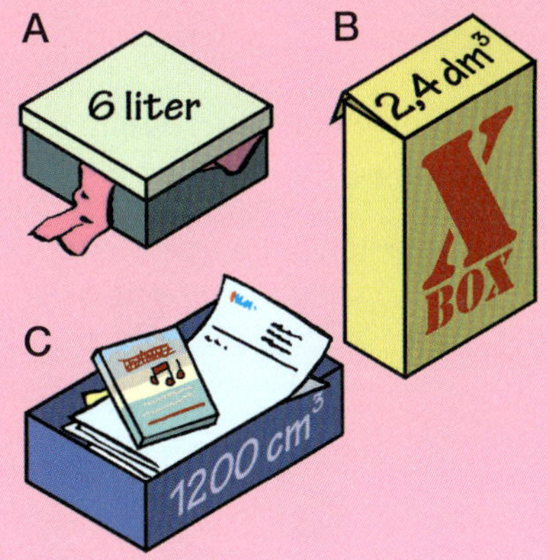

13 30 cm – 400 mm – 2,5 dm – 4 m **22**
2,5 dm – 30 cm – 400 mm – 4 m **21**

14 0,25 dm^2 – 20 cm^2 – 220 mm^2 **10**
220 mm^2 – 20 cm^2 – 0,25 dm^2 **23**

15 50 cm^3 – 4000 mm^3 – 0,5 dm^3 **6**
4000 mm^3 – 50 cm^3 – 0,5 dm^3 **7**

16 Welche Abmaße könnte Dose A haben?
15 × 20 × 20 cm **22** 1 × 2 × 3 cm **11**

17 Welche Abmaße könnte Dose B haben?
30 × 40 × 20 mm **10** 20 × 15 × 8 cm **11**

18 Welche Abmaße könnte Dose C haben?
20 × 12 × 5 mm **10** 20 × 12 × 5 cm **20**

19 In welche Flasche passt am wenigsten?
Q **1** P **6** R **8**

20 In welche Flasche passt am meisten?
Q **10** P **12** R **9**

21 Wie ist die Reihenfolge von klein nach groß?
P – Q – R **1** R – Q – P **8**

22 In welche Tonne passt am wenigsten?
K **10** L **12** M **8**

23 In welche Tonne passt am meisten?
L **22** M **10** K **2**

24 Wie ist die Reihenfolge von klein nach groß?
M – K – L **6** L – K – M **8**

Vergrößern und verkleinern

1 Wie viele Quadrate mit einer Seitenlänge von 1 cm passen in ein Quadrat mit einer Seitenlänge von 2 cm?

2 **1** 4 **19** 6 **15**

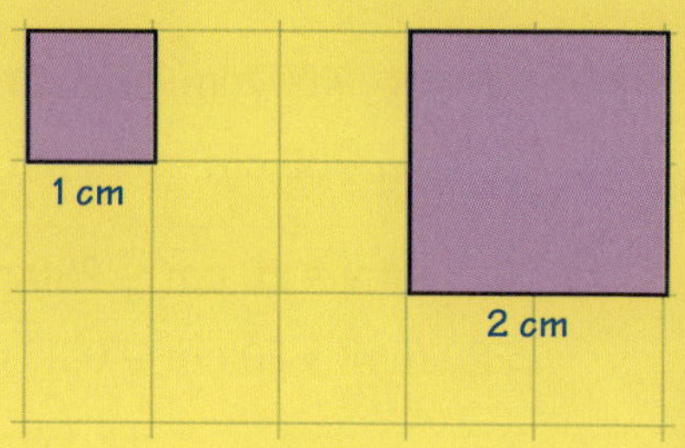

2 Und wie viele in ein Quadrat mit einer Seitenlänge von 3 cm?

3 **5** 6 **24** 9 **23**

3 Und wie viele in ein Quadrat mit einer Seitenlänge von 4 cm?

4 **8** 8 **12** 16 **22**

4 Und wie viele in ein Quadrat mit einer Seitenlänge von 10 cm?

10 **19** 100 **20** 200 **14**

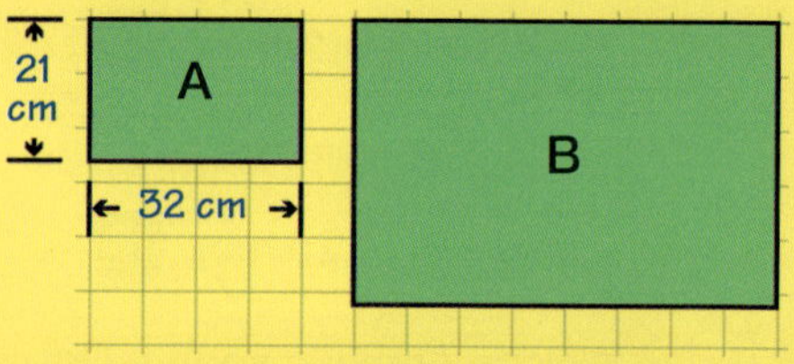

Die Abmaße von Rechteck B entsprechen dem Doppelten von Rechteck A.

5	Wie groß ist der Umfang von A?	53 cm	**10**	106 cm	**15**
6	Wie groß ist der Umfang von B?	106 cm	**6**	212 cm	**24**
7	Wie groß ist die Fläche von A?	106 cm²	**12**	672 cm²	**18**
8	Wie groß ist die Fläche von B?	2688 cm²	**14**	1344 cm²	**2**

9 Wie groß ist der Umfang von Rechteck C?

140 cm **21** 70 cm **14**

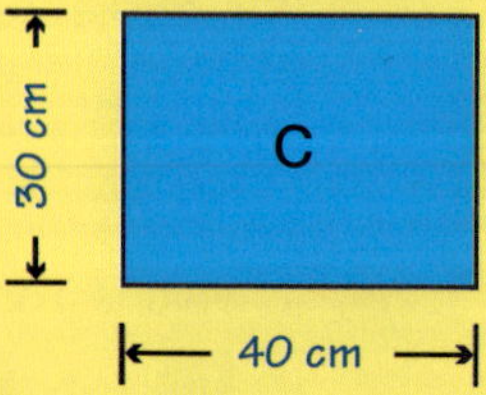

10 Wie groß ist die Fläche von Rechteck C?

140 cm² **15** 1200 cm² **16**

Die Abmaße eines Rechtecks entsprechen dem Dreifachen von Rechteck C.

11 Wie groß ist der Umfang von diesem Rechteck?

420 cm **13** 280 cm **17**

12 Wie groß ist die Fläche von diesem Rechteck?

3600 cm² **7** 10 800 cm² **17**